COOL
COOL

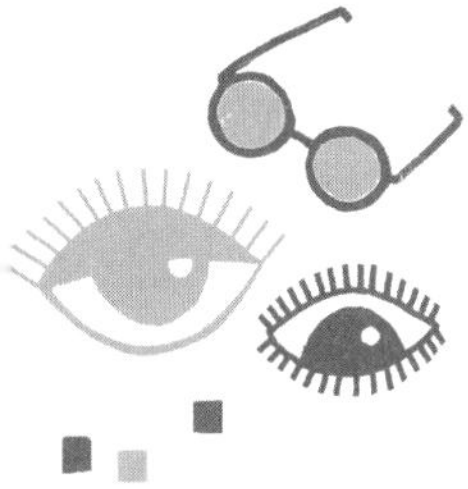

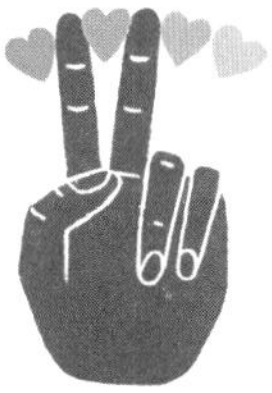

COOL
COOL

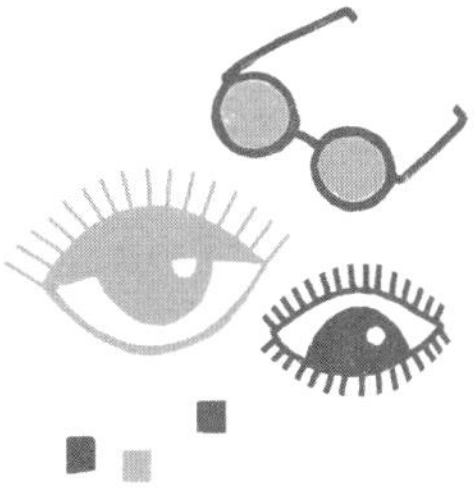

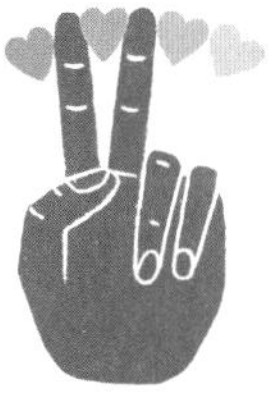

COOL
COOL

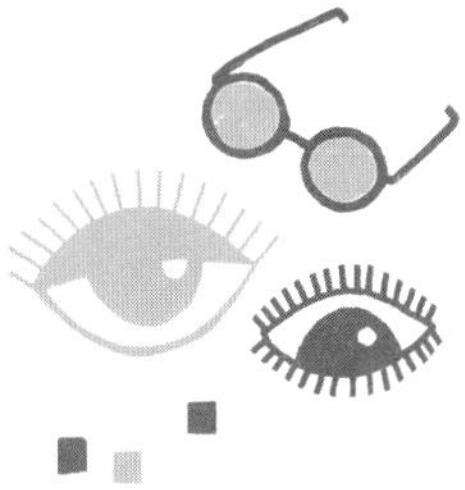

COOL
COOL

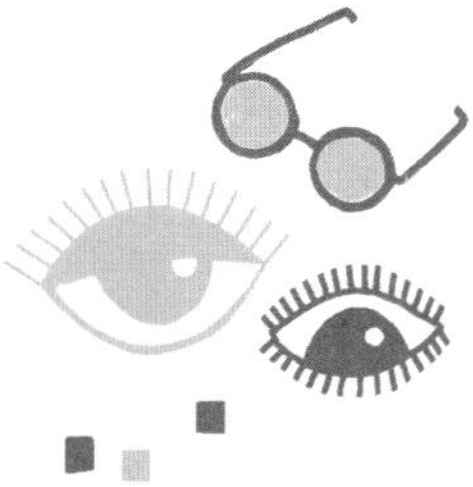

COOL
COOL

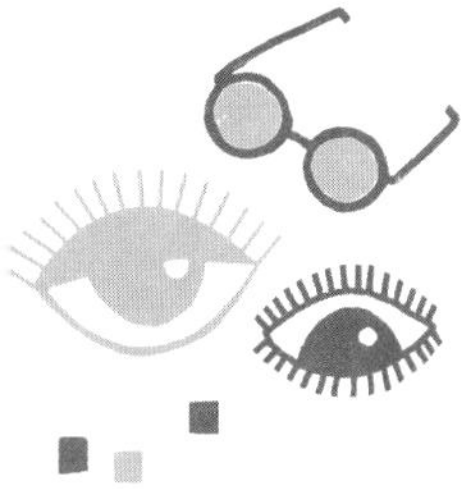

COOL
COOL

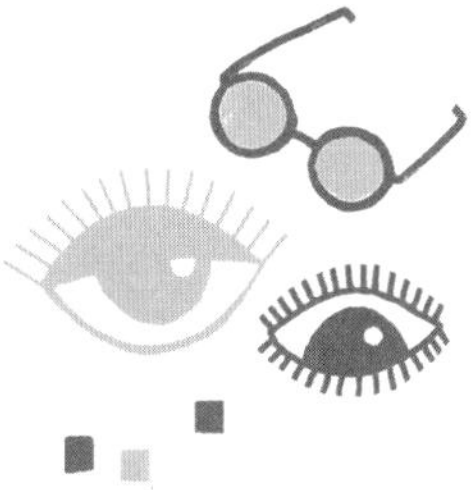

COOL
COOL

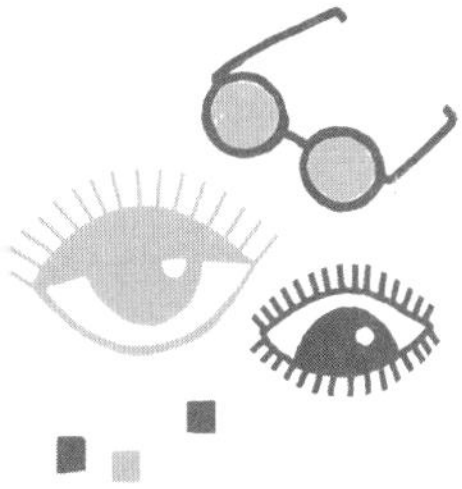

COOL
COOL

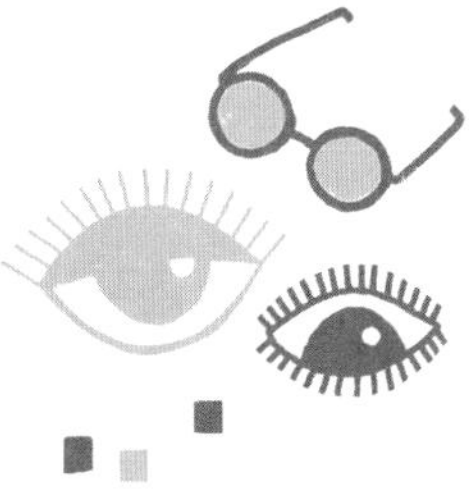

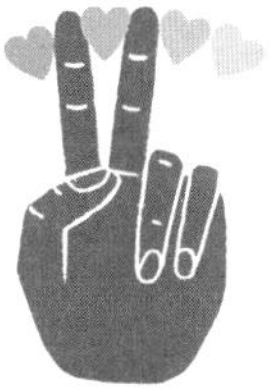

COOL
COOL

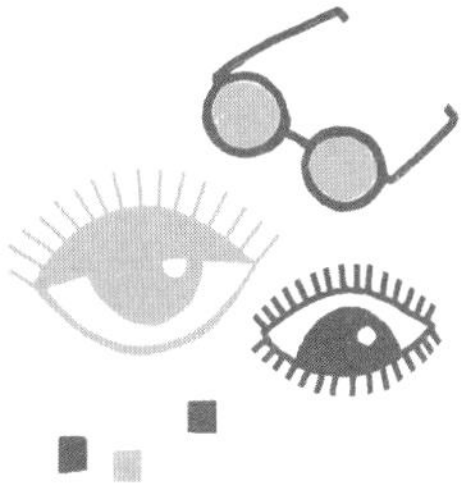

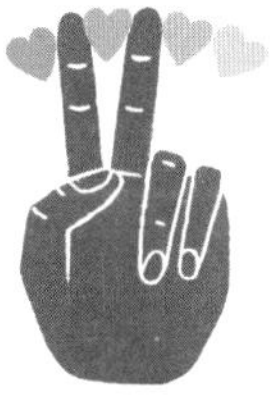

COOL
COOL

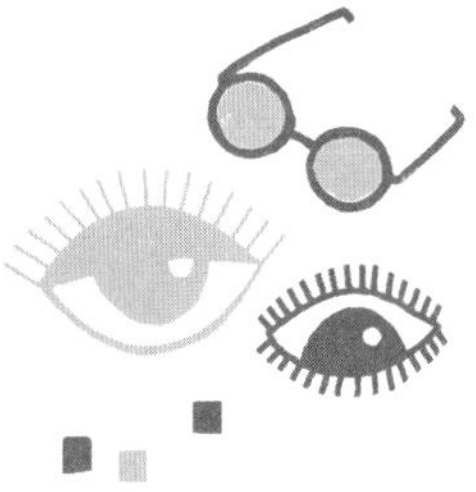

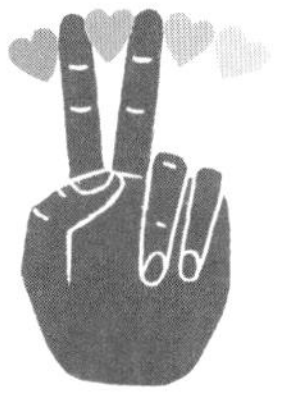

COOL
COOL

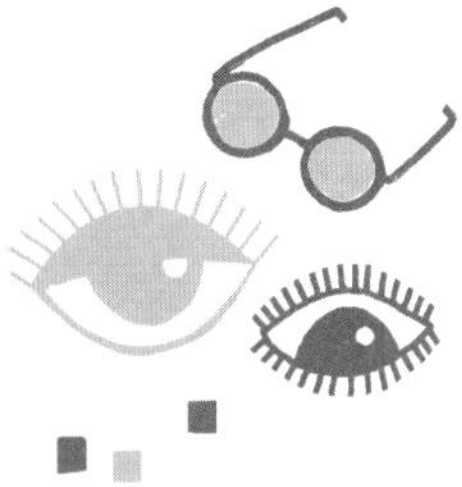

COOL
COOL

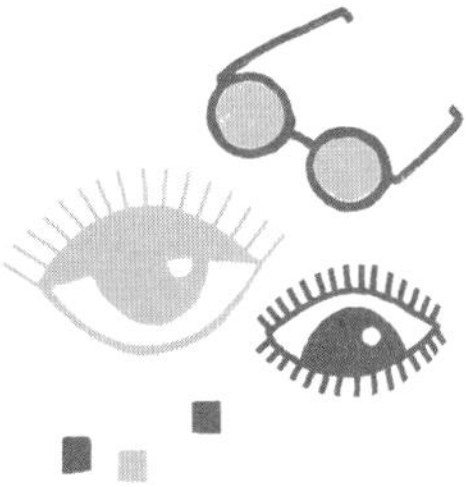

COOL
COOL

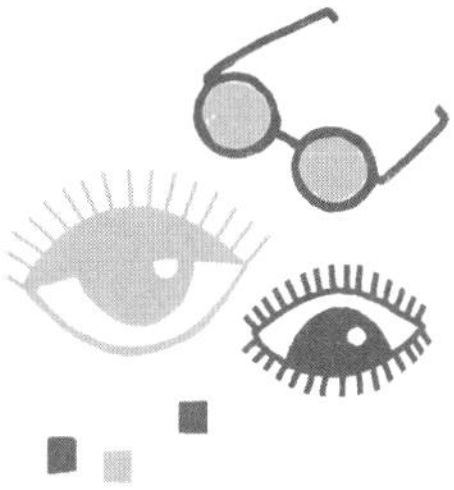

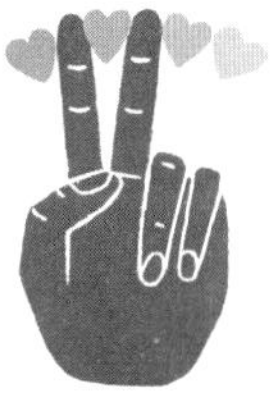

COOL
COOL

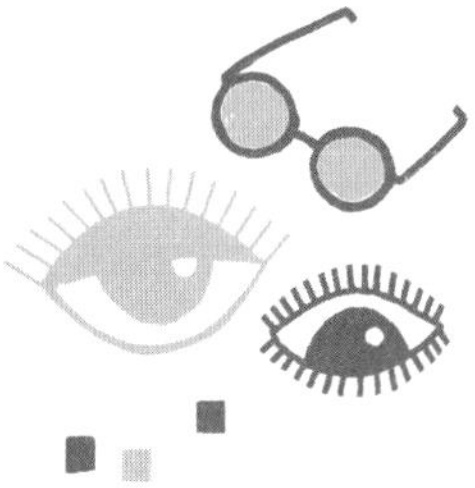

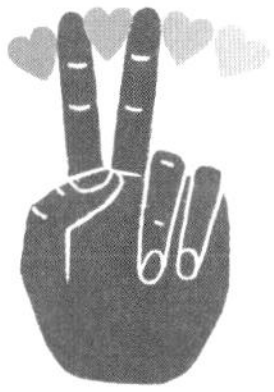

COOL
COOL

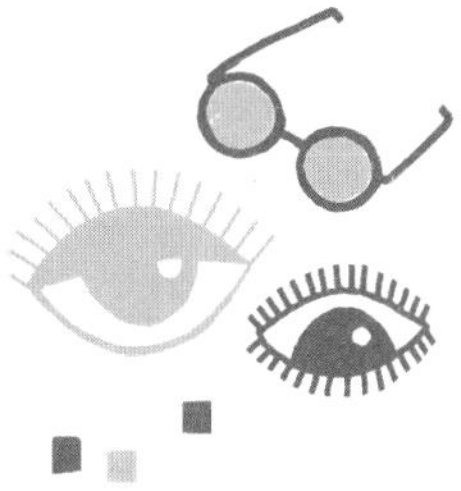

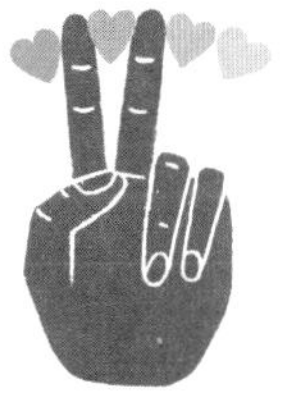

COOL
COOL

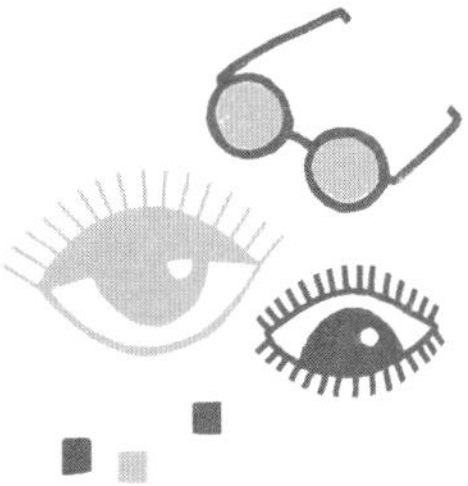

COOL
COOL

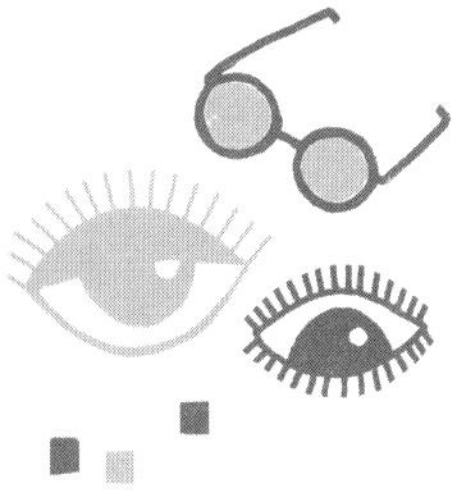

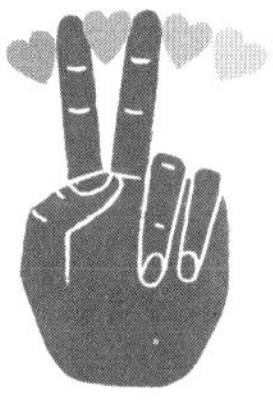

COOL
COOL

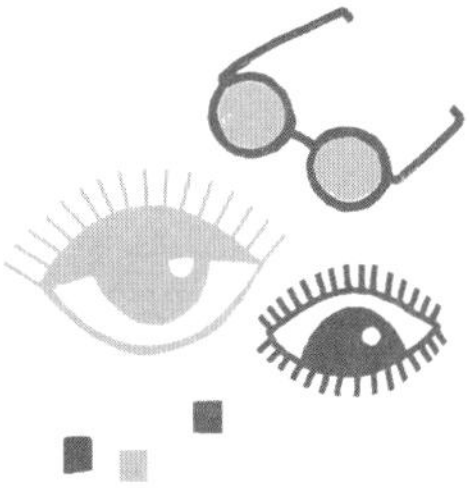

COOL
COOL

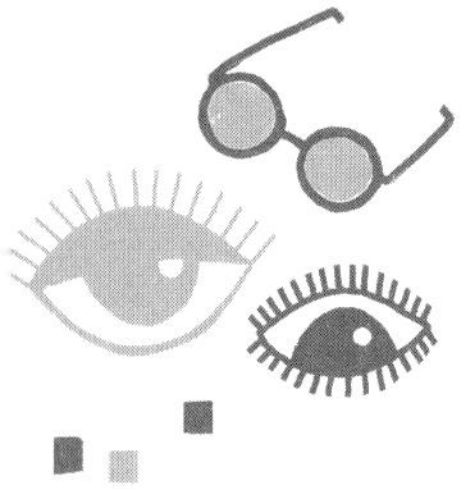

COOL
COOL

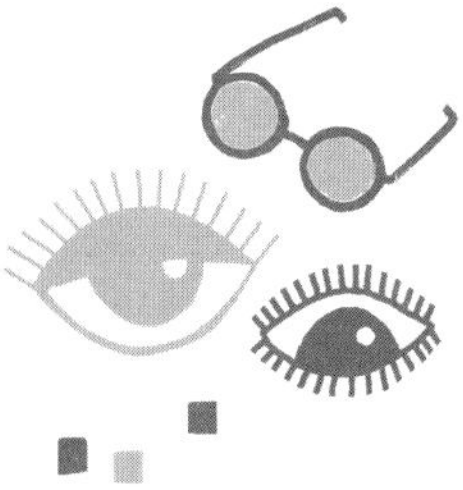

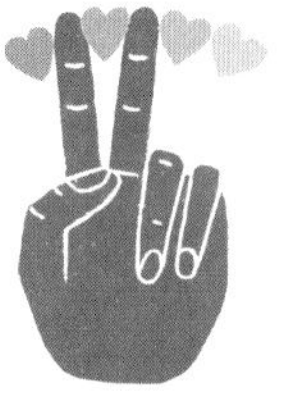

COOL
COOL

11111 Jefferson Blvd. #5167, Culver City, CA 90231
Made in China / Fabriqué en Chine / Hecho en China